エテュード・アルモニーク

こどものためのピアノ曲集
萩原英彦／作曲

ETUDES HARMONIQUES

36 Pièces pour piano
composées par Hidehico Hagiwara

edition *KAWAI*

は じ め に

　ピアノという楽器の音色は，すこぶる暗示的であり，その表現は，想像力の介在により色彩りゆたかなものとなる。

　ピアノ音楽の魅力は，この音色の千変万化のなかにあると私は考えている。

　したがって，ピアノ奏法の技術の中枢をなすものは，この音色をかたちづくる方法

　1. 鍵盤に指が触れる一瞬

　2. 音色のつらなりをまとめる息づかい

　3. それらを補足・変容するペダル作法

以上の研究にすべてが委ねられている。

　聴覚は，この肉体的訓練をとどこおりなくすすめていくための緩和・抑制をなす機能をもっている。良き感性とのたすけあいによって聴覚は，その機能を十全に果たすことができよう。

　ここに収められた一連の小品は，良き趣味にうらづけされた感性の育成を願いつつ，一つ一つ異なる発想にもとづいて，あらゆる奏法の問題を，知らず知らずのうちに体得できるよう考慮して書いたものである。

1984年3月

萩 原 英 彦

Avant propos

La sonorité de cet instrument qu'est le piano se prête à de nombreuses interprétations et jointe à l'imagination, son expression musicale est riche en coloris.

Je crois que ce qui fait le charme de la musique pour piano vient des mille et une variétés de sonorités qu'on peut tirer de cet instrument.

En conséquence, l'essentiel de la technique du piano est constitué des éléments qui forment la sonorité, c'est-à-dire:

1. l'instant où les doigts se posent sur le clavier,
2. le phrasé musical qui unifie le coloris,
3. le jeu de pédale qui complète et transfigure le tout,

On doit donc s'en remettre à la recherche ci-dessus mentionnée.

L'ouïe a une fonction de contrôle. Ce contrôle permet de faire progresser avec assurance l'entrainement physique. Aidée de la sensibilité, l'ouïe peut honorablement accomplir cette fonction.

Les oeuvres présentées dans ce recueil, tout en supposant une éducation de la sensibilité de bon aloi, ont été pensées et écrites de telle sorte que sans trop s'en rendre compte elles abordent tous les problèmes de l'exécution. On le verra facilement, chacune d'elles a une expression différente.

Mars 1984
Hidehico Hagiwara

Vorwort

Schon der Klang des einzelnen Klaviertons ist verheißungsvoll, durch die Fantasie bekommt er aber Ausdruck und Farbigkeit.

Der Zauber der Klaviermusik liegt, meine ich, im kaleidoskopartigen Wechsel der Klangfarben.

Wichtig für die Erzeugung von Klangnuancen auf dem Klavier sind:

1. der Augenblick, in dem der Finger die Taste berührt,
2. das Zusammenfügen einer Reihe von Klangfarben zu einer Phrase,
3. die Pedalbehandlung, die den Klang vervollständigt und modifiziert,

In diesen drei Übungspunkten ist alles enthalten.

Das Ohr hat die Aufgabe, diese Arbeit am Klavier dauernd zu kontrollieren. Nur mit sehr viel Klanggefühl kann es diese Funktion erfüllen.

Die folgende Reihe von kleinen Stücken wurde geschrieben, um den Spieler zu gutem Geschmack zu erziehen und ihn mit Hilfe der verschiedenen spieltechnischen Aufgaben zu ihrer vollständigen Beherrschung zu führen.

März 1984
Hidehiko Hagiwara

Preface

The sonority of the instrument, the piano is very suggestive. Its expression is rich in color using imagination.

I believe that the fascination of piano music is due to this myriad of colored variations.

Consequently the essentials of technique consist of the formation of sonority,
that is:

1. instance of momentary touch on the keyboard,
2. phrasing of the richness of colors,
3. adaptation and variation of pedal-use,
this research mentions every detail.

The functions of audibility control in the progression of physical training.

Audibility in accordance with good sensibility accomplish these functions.

The works in this album have been written to develop good sensibility, based on some different ideas, and to solve unconsciously the problems of performance.

March 1984
Hidehico Hagiwara

この曲集について

エテュード・アルモニーク/Etudes harmoniques という標題をもつこの曲集は，三曲あるいは三部分をひと組みとする12の単位より成り立っている。

そして12の単位は，それぞれ独立した楽曲として，次のような音を主調として配列されている〔譜例参照〕。

譜 例/Exemple/Beispiel/*Example*

1ᵉʳ groupe 2ᵉᵐᵉ groupe

しかし，Ⅰ～Ⅵ および Ⅶ～Ⅻ の二つの群に分割することのできるこの配列は，調的な色彩りへの興味以外に特別の意味をもつものではない。

これらの楽曲は，全体をこの配列にしたがって演奏しても良いが，Ⅰ～Ⅵ，Ⅶ～Ⅻの群を，それぞれにあつかってもよい。

また，それぞれの群から抜粋したいくつかの単位をまとめて演奏することも可能であるが，その場合，曲想の対比および調的な配分には十分な留意をしていただきたい。

さらに，一単位を解体して短い一曲としてとりあつかうことも可能であるが，この有機的構造をもった一単位は，まとめて演奏されることがのぞましい。

Remarques au sujet de ce recueil

Ce recueil, intitulé **Etudes harmoniques**, est composé de trois oeuvres ou, si vous voulez, de trois parties. Chacune des oeuvres ou des parties regroupe 12 unités.

Les 12 unités, en tant que pièces indépendantes, sont classées selon la tonalité des notes suivantes [Voir Exemple].

Le classement ci-dessus mentionné (et qui peut être partagé en deux groupes: Ⅰ ～ Ⅵ et Ⅶ ～ Ⅻ) n'a de signification spéciale que celle du coloris harmonique.

Ces oeuvres musicales peuvent être interprétées au complet. Ou, après les avoir séparées en 2 groupes: Ⅰ ～ Ⅵ et Ⅶ ～ Ⅻ, on peut interpréter l'un ou l'autre groupe.

Ou bien encore il y a possibilité d'isoler quelques unités pour les interpréter. Dans ce cas, il est désirable qu'on soit suffisamment attentif à un classement qui tienne compte du contraste et de l'harmonie de la pièce.

Allons plus loin. On peut même choisir à l'intérieur d'une unité une courte pièce. Ici aussi, pour l'interprétation de la pièce, il est important de bien saisir la facture organique que recèle l'unité d'où elle est extraite.

Über dieses Heft

Dieses Heft 'Etudes harmoniques' besteht aus 12 Einzelstücken, wovon jeweils drei eine Gruppe bilden. Jedes in sich selbständige Stück hat einen Grundton: [Siehe Beispiel]

Die Stücke sind unter dem Gesichtspunkt des Tonartenkolorits zu zwei Gruppen zusammengefaßt (Ⅰ～Ⅵ und Ⅶ～Ⅻ). Die 12 Stücke können als Einheit wie auch in den genannten zwei Gruppen unabhängig voneinander gespielt werden.

Wenn man eine freie Auswahl spielen möchte, sollte man Stücke unterschiedlichen Charakters, deren Tonarten aber zueinander in Beziehung treten können zusammenstellen.

About this volume

This volume "Etudes harmoniques" consists of 3 pieces of music divided into 12 units. Every unit is independently formed according to it's ground tone by tonality (See Example).

The units disposition, however, is divided into two groups (Ⅰ-Ⅵ and Ⅶ-Ⅻ); the groups' interest is in tonality color only. These pieces can be performed according to these disposition groups (Ⅰ-Ⅵ and Ⅶ-Ⅻ) for each piece.

It is possible to perform selected units from each group. In this case the contrast and distribution of tonality must be considered. Moreover, one unit can be separated into small pieces. However it is desirable to perform the units with organic functions, together.

これらの作品は、すべて和声的な色彩りの喚起する情操の表現が主体となり、そのための手段として必要な技術の練磨を目的として書かれている。

和声的な色彩りに著しい影響を与えるのは、ピアノの鍵盤に指が触れる瞬間である。

その瞬間の千変万化を明らかにするために多くの作曲家および楽譜の校訂者は、さまざまな記号を与えているが、それらを次に要約整理して示す〔図版参照〕。

Ces pièces musicales ont été écrites en vue de regrouper tous les sentiments que reveille le coloris harmonique. A cette fin elles exigent un indispensable entrainement pratique.

L'instant où les doigts touchent le clavier du piano est de grande importance pour le coloris de la pièce.

Plusieurs compositeurs ou éditeurs de partitions, afin d'indiquer clairement la variété infinie de cet instant, utilisent différents sigles. Nous utilserons les sigles donnés dans le Schéma [Ci-dessous].

図 版/Schéma/Abbildung/*Diagram*

a	♩♩♩♩♩♩	non legato	**e**	♩♩♩♩♩♩	tenuto	**h**	♩♩♩♩♩♩ staccato tenuto
b	♩♩♩♩♩♩	legato				**i**	♩♩♩♩♩♩ staccato accento
c	♩♩♩♩♩♩	staccato	**f**	♩♩♩♩♩♩	tenuto legato	**j**	♩♩♩♩♩♩ tenuto accento
d	♩♩♩♩♩♩	staccato legato (violino staccato)	**g**	♩♩♩♩♩♩	accento	**k**	♩♩♩♩♩♩ staccatissimo
						l	♩♩♩♩♩♩ marcato

これらの指示記号は、指・手首・腕・肩の機能と関連して、さらにペダルの用法と相挨って、さまざまな色彩りの陰影をつくりだす。

この多彩な陰影の効果を体得するために必要なことは、手のかたちなどの外見による視覚判断を前提としながらも聴覚的な判断にすべてを委ねるべきである。

この曲集に収められている36曲あまりの各曲が、その体得すべき領域にどのように触れているかを参考までに次頁「もくじ」に掲げる。

Nous utilisons ces sigles pour bien indiquer le rôle des doigts, du poignet, de l'avant-bras, de l'épaule et aussi l'utilisation de la pédale. Ce qui permet une grande variéte de nuances dans le coloris musical.

Pour expérimenter ces différentes nuances, même si le jugement visuel est une aide sure, il est nécessaire de s'en remettre entièrement au jugement auditif.

A titre de référence, je donne ici le Table des matières qui indique jusqu'à quel point chacune des 36 et quelques pièces qui composent ce recueil suppose l'expérimentation obligatoire.

An diesen Stücken soll die Anschlagstechnik für harmonische Farbveränderungen, die auch den Gefühlsgehalt ausmacht, geübt werden.

Den größten Einfluß auf die Klangfarbe hat der Augenblick, in dem die Finger die Tasten berühren.

Viele Komponisten und Bearbeiter haben die verschiedenartigsten Anweisungen gegeben, die den kaleidoskopartigen Wechsel des Anschlags festlegen sollen: [Siehe Abbildung]

Die Hinweise für Finger, Handgelenk, Arm und Schultern sowie die Anwendung der Pedale erschaffen alle zusammen das Klangkolorit. Um ein farbiges und nuancenreiches Spiel zu erreichen, ist die Form der Hand wichtig, das letzte Urteil bleibt aber dem Ohr überlassen.

Die Tabelle auf der folgenden Seite zeigt, welche Anschlagsprobleme in den 36 Stücken geübt werden sollen.

These pieces were composed to illustrate coloristic harmony; the emotional content of the music is useful for technical training.

At the very moment the fingers touch the keyboard, there is a great influence on the coloristic harmony. Many composers and editors indicate the musical abridgment in the score in written music. They make each variety clear. As shown in the next diagram.

These instructions make up a piece's nuance, abridgment and relate to the movements of fingers, wrists, arms and shoulders together with pedal-use. The necessity to master these effects is judged audibly, although visible judgements; for instance hand form and appearance, are predecided.

There are more than 36 pieces in this volume, each piece shows how to practice these fields in order to master them. The methods are in the next contents.

もくじ　　　　　　　　　　　　Table des matières

8

I 指先の運動のために
Pour le mouvement des doigts seuls.

1
コラール
Choral

—C. フランク讃—
—Hommage à C. FRANCK—

萩原英彦 作曲
Hidehico Hagiwara

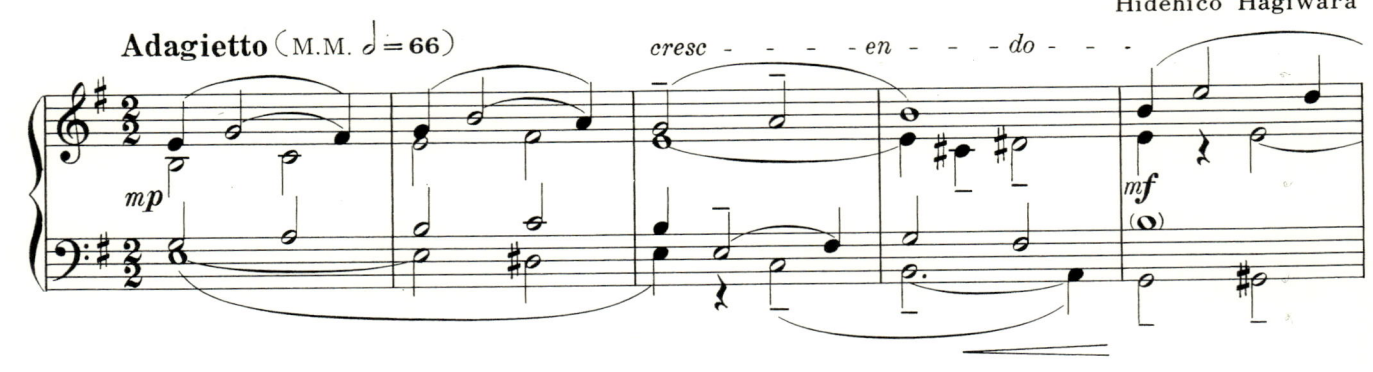

2
メロディー
Mélodie

萩原英彦 作曲
Hidehico Hagiwara

3
小さなトッカータ
Toccatina

萩原英彦 作曲
Hidehico Hagiwara

Allegro assai（M.M. ♩=126～152）

Come prima

II 手首の垂直・水平運動のために
Pour le mouvement des poignets (vertical et latéral).

1
カノン風 小前奏曲
Petit prélude en forme de Canon

萩原英彦 作曲
Hidehico Hagiwara

2
気まぐれなうた
Caprice

萩原英彦 作曲
Hidehico Hagiwara

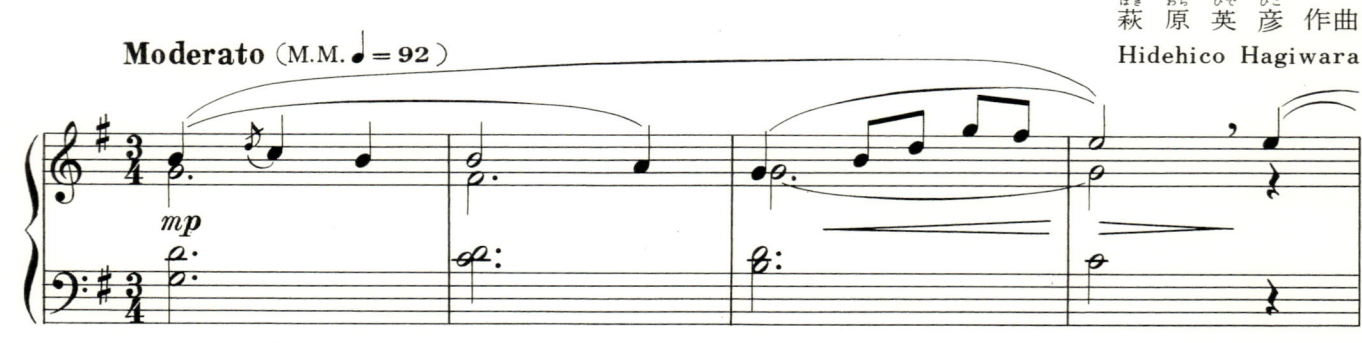

3
悲しみ
Tristesse

萩原英彦 作曲
Hidehico Hagiwara

III 手首・腕の回転運動のために
Pour la souplesse du poignet et de l'avant-bras.

1
前口上
Préambule

萩原英彦 作曲
Hidehico Hagiwara

2
古風な踊り
Danse archaïque

萩原英彦 作曲
Hidehico Hagiwara

3

小さなロンド
Rondino

萩原英彦 作曲
Hidehico Hagiwara

IV 手首の敏捷な移行運動のために
Pour le mouvement des poignets seuls (très agile et rapide).

1
前奏曲／フゲッタ
Prélude／Fughetta

—F. ヴュルネルの旋律による—
—sur un air de F. WÜLLNER—

萩原英彦 作曲
Hidehico Hagiwara

2
間奏曲
Intermezzo

萩原英彦 作曲
Hidehico Hagiwara

Allegretto giocoso（M.M. ♪ = 112）

3
終曲
Finale

萩原英彦作曲
Hidehico Hagiwara

V 六度音程のために
Pour les sixtes.

1
J.S.バッハの主題による即興
Improvisation sur un thème de J.S.Bach

萩原英彦 作曲
Hidehico Hagiwara

Moderato （M.M. ♩ = 96）

2

フーガ ハ長調
Fugue en Ut majeur

萩原英彦 作曲
Hidehico Hagiwara

※オルガン曲練習用のペダル付ピアノの場合は、3小節ごとに音を鳴らす。

3
無窮動
Mouvement perpétuel

萩原英彦 作曲
Hidehico Hagiwara

VI 旋律と和声の表情のために
Pour donner de l'expression à la mélodie et aux harmonies.

1
お人形のうた
Chanson de la poupée

萩原英彦 作曲
Hidehico Hagiwara

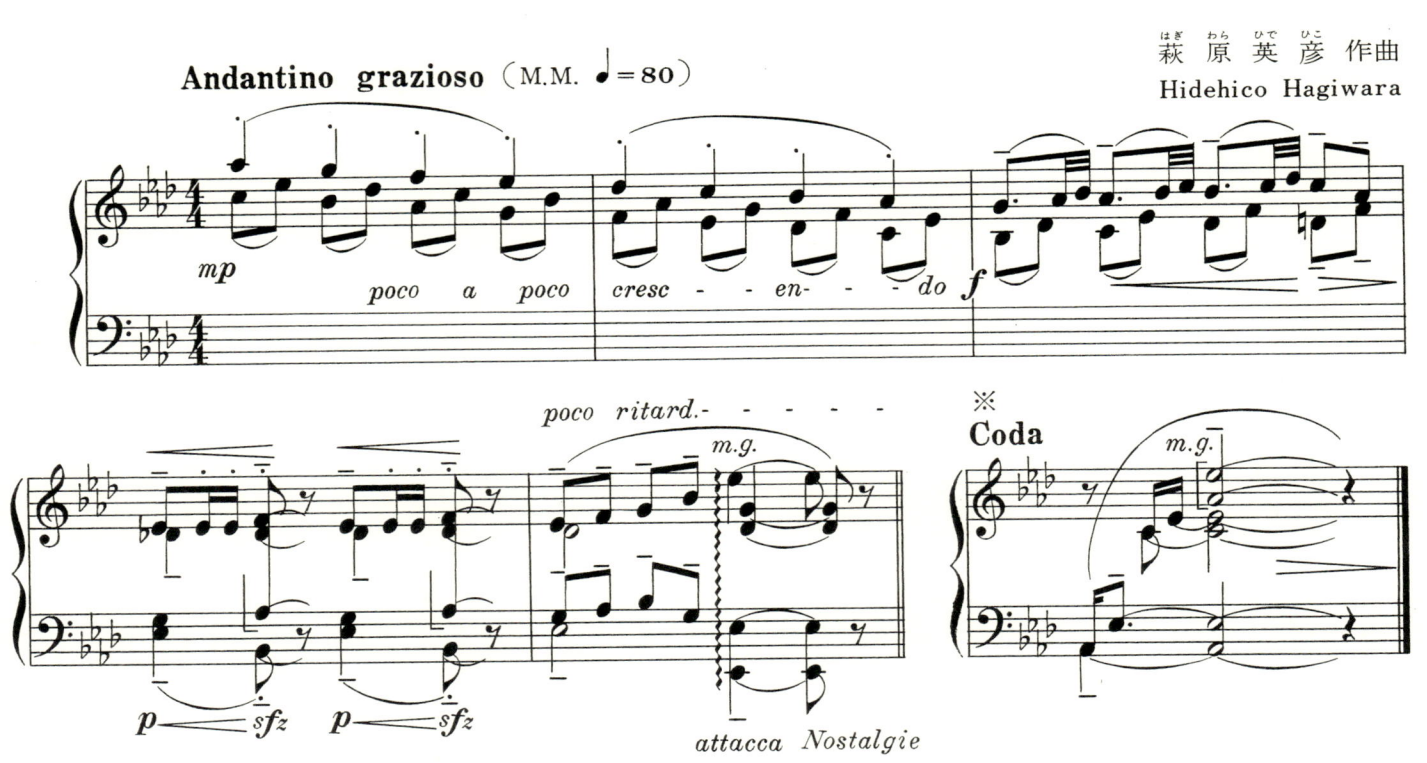

※ 「お人形のうた」を単独で演奏するときは，Codaを弾いて終わる。

2
ノスタルジー
Nostalgie ou mal du pays

萩原英彦 作曲
Hidehico Hagiwara

3
青白いさざなみ
Ondes phosphorescentes

萩原英彦 作曲
Hidehico Hagiwara

VII デュナミークの変化のために
Pour varier la dynamique.

1
朝 の 歌
Aubade

萩原英彦 作曲
Hidehico Hagiwara

Tranquillamente （M.M. ♩=54）

2
石 け り
Marelle

萩原英彦 作曲
Hidehico Hagiwara

Allegretto scherzando （M.M. ♩=104）

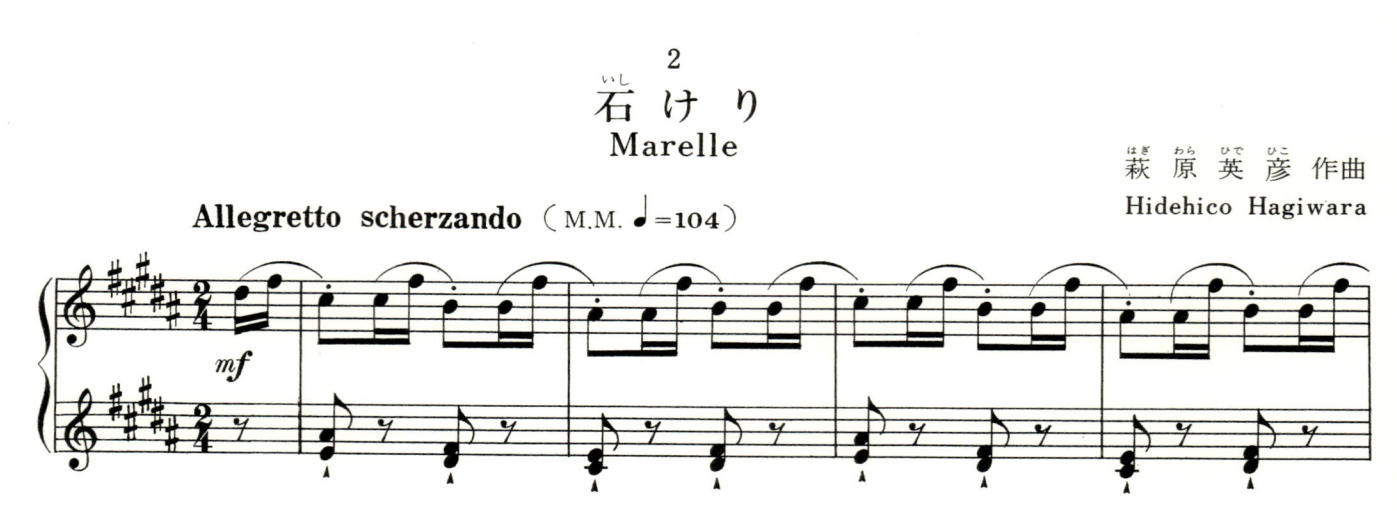

3

夕べの歌
Chant du soir

萩原英彦 作曲
Hidehico Hagiwara

VIII 音色の変化のために
Pour la variété des sonorités.

1
優しさ
Affectueusement

萩原英彦 作曲
Hidehico Hagiwara

Andantino （M.M. ♩=76）

※右手「ヘ音」と「変ロ音」の鍵盤を音が出ないように押し，左手で「ヘ-ヘ音」を打鍵すると，倍音効果として の音が鳴り響くはずである。

ソローニュの森の想い出
Souvenir des bois de Sologne

萩原英彦 作曲
Hidehico Hagiwara

3

中国風

A la mode chinoise

萩原英彦 作曲
Hidehico Hagiwara

Tempo primo

Poco meno mosso

IX 応用曲集 i 「左手のための三つの小品」
Trois pièces pour la main gauche seule

1
前 奏 曲
Prélude

萩原英彦 作曲
Hidehico Hagiwara

2
狂 詩 曲
Rhapsodie

萩原英彦 作曲
Hidehico Hagiwara

Andante con moto (M.M. ♩ = 72)

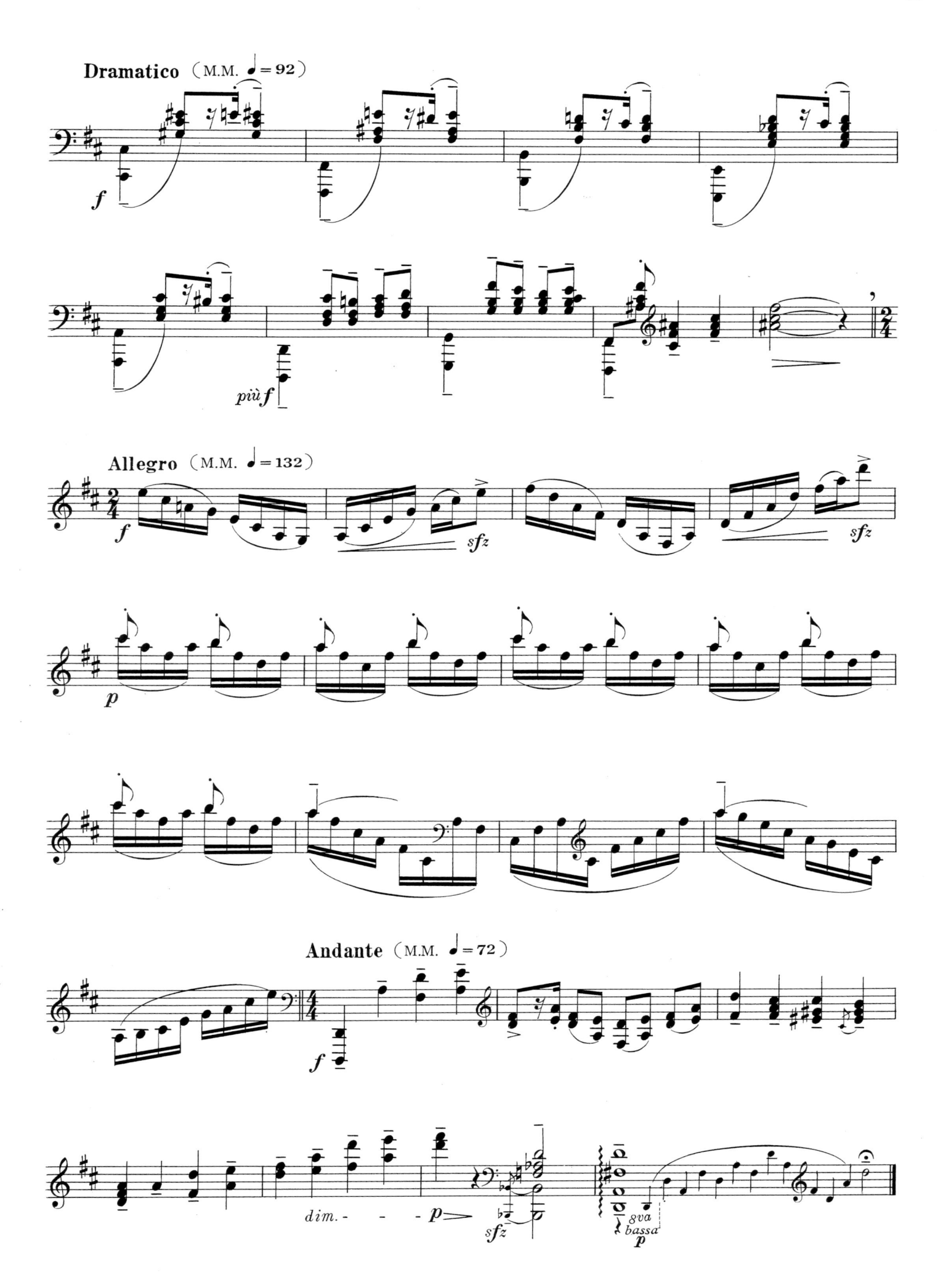

3
タランテルラ
Tarentelle

萩原英彦 作曲
Hidehico Hagiwara

Tempo giusto（M.M. ♩.=144〜168）

X 応用曲集 ii 「主題と変奏」
Thème et Variations

1
主題
Thème

萩原英彦作曲
Hidehico Hagiwara

※この音価は自由に。

2
第一部
1ère partie

※この小音符は弾かなくてもよい。

attacca

Var.3 Moderato

3
第二部
2ème partie

Var.4 Adagietto

Var. 5

XI 応用曲集iii 「三枚の祭壇画」
Triptyque

1
博士たち
Les Mages

萩原英彦 作曲
Hidehico Hagiwara

2

羊飼いたち
Les bergers

萩原英彦 作曲
Hidehico Hagiwara

3

こもりうた
Berceuse pour l'Enfant-Jésus

萩原英彦 作曲
Hidehico Hagiwara

62

3

華やかな円舞曲
Valse brillante

—C. サン゠サーンスの手法による—
—à la manière de C. Saint-Saëns—

萩原英彦 作曲
Hidehico Hagiwara

Tempo di Valse （M.M. ♩ = 138）

Coda

FIN

作曲者のプロフィール

- 1933年4月　東京に生まれる。
  　幼時より音楽と自然現象に興味を寄せる。
- 1947年10月　團　伊玖磨氏のもとで，和声法・対位法・作曲法を学ぶ。
- 1951年4月　東京芸術大学音楽学部作曲科入学。在学中，作曲を池内友次郎，ピアノを永井　進の各氏に学ぶ。
- 1956年3月　東京芸術大学卒業。
- フェリス女学院短期大学，お茶の水女子大学文教育学部講師を経て，現在武蔵野音楽大学教授。
  　その間，1971年，1974年および1982年に文化庁芸術祭優秀賞を受賞。
- 主要作品
  　「詩篇第23篇」　混声合唱，管弦楽，オルガンのための（1969年）
  　「主題と変奏」　管弦楽のための（1981年）
  　「白い木馬」　混声合唱と管弦楽のための（1979年）〈ピアノ版―カワイ出版刊〉
  　「室内協奏曲」　ホルン，オーボエ，クラリネット，ピアノのための（1983年）
  　「三重奏曲」　ホルン，クラリネット，ピアノのための（1981年）
  　「ピアノのための五つの小品」　―H.ヘッセの詩画による―（1981年）
  　「都会のうた」　ピアノ四手連弾のための（1970年）〈音楽之友社刊〉
  　「光る砂漠」　混声合唱とピアノのための（1971年）〈カワイ出版刊〉
  　「花さまざま」　合唱とピアノのための（1979年）〈カワイ出版刊〉
  　「動物たちのコラール　第2集」　無伴奏混声合唱のための（1982年）〈カワイ出版刊〉

Profil: Hidehico Hagiwara

- 1933　Naissance à Tokyo. Dès l'enfance s'intéresse à la musique et aux phénomènes naturels.
- 1947　Etudes de l'harmonie, du contrepoint et de la composition musicale, sous la direction de Ikuma Dan.
- 1951　Entrée à l'Université des Arts de Tokyo, Faculté de Musique.
  Cours en composition musicale: sous la direction de Professeur Tomojiro Ikenouchi pour la composition et de Susumu Nagai pour l'étude du piano.
- 1956　Diplôme de l'Université des Arts de Tokyo.
  Lecteur au Junior Collège Ferris de Yokohama.
- 1964　Lecteur à l'Université d'Ochanomizu (Faculté Littérature-Education).
- 1983　Professeur de musique à l'Academia Musicae de Musashino.
  En 1971, 1974 et 1982: réception du "Prix des Arts" au Ministère de la Culture.

Profil:

- 1933　Hidehiko Hagiwara ist in Tokyo geboren.
  Seit seiner Kindheit, hatte er Interesse für Musik und natürliche Phenomene.
- 1947　Studierte Harmonie, Kontra-punkt und Komposition unter Ikuma Dan.
- 1951　Eintritt in Tokyo Universität für Musik und Kunst (Fach für Musik).
  Studierte unter der Professoren Tomojiro Ikenouchi (Komposition) und Susumu Nagai (Klavier).
- 1956　Abschlußprüfung in Tokyo Universität für Musik und Kunst.
  Dozent von Ferris Junior College.
- 1964　Dozent von Ochanomizu Universität (Fach für Literatur-Erziehung).
- 1983　Professor in der Musashino Academia Musicae.
  Er hat den "Kunstpreis" vom Kultusministerium dreimal gewonnen (1971, 1974 und 1982).

Profile:

- *1933　Hidehico Hagiwara was born in Tokyo.*
  From early childhood he had an interest in music and phenomena of nature.
- *1947　Studied Harmony, Counter-point and Composition under Ikuma Dan.*
- *1951　Enrolled at the Composition Department of Tokyo University of Arts.*
  There studied under Professor Tomojiro Ikenouchi (composition) and Susumu Nagai (piano).
- *1956　Graduated from Tokyo University of Arts.*
  Lecturer of Ferris Junior College of Yokohama.
- *1964　Lecturer of Ochanomizu University (Faculty of Literature-Education).*
- *1983　Professor of Musashino Academia Musicae.*
  He received "The Award for Arts" three times (1971, 1974, and 1982).

Oeuvres / Werke / Works:

- * "Psaume XXIII"　　　　pour choeur mixte, orchestre et orgue. (Tokyo 1969)
- * "Thema und Variationen"　　für Orchester. (Kanazawa, Salzburg 1981)
- * "Shiroi Mokuba (Chevaux de bois blanc)"　pour choeur mixte et orchestre. (Tokyo 1979)
- * "Concerto da Camera"　　pour cor, hautbois, clarinette, basson et piano. (Tokyo 1983)
- * "Drei Sätze"　　　　für Horn, Klarinett und Klavier. (Tokyo 1981)
- * "Fünf kleine Stücke"　　für Klavier nach Gedichten und Aquarellen von H. Hesse.
  (Tokyo 1981, Sophia 1983)
- * "Chansons de Ville"　　pour piano à quatre mains. (New Zealand 1970)
- * "Hikaru Sabaku (Désert qui brille)"　pour choeur mixte et piano. (Nagoya 1971)
- * "Hana samazama (Fleurs diverses)"　pour choeur et piano. (Tokyo 1979)
- * "Choral des Animaux 2ème serie"　pour choeur mixte sans accompagnement. (Tokyo 1982)

あ と が き

多くのためらいに阻まれつつも，漸く念願のピアノ曲集が完成した。顧りみれば，最初にピアノという楽器の音色に魅せられてから，実に半世紀近くの年月を過ごしたわけであるが，私の半生でピアノとの関りをもたなかった日は，一日としてなかった。

それ程に深い愛着をもったこの楽器に対しての私の姿勢は，神聖な領域にあるものへの畏怖を示していた。

それは，一点の曇りのない鏡に，自身の内面がくまなく写しだされてしまう恥らいとおののきにもたとえられようか。

合唱の分野にあって，言語——日本語という衣裳に身を包み隠しつつ，慎重にその映像を確かめてきた私は，今一つの確信をもって，我と我が身の影をそこに垣間見させることになった。

ピアノという楽器に，とりわけ関心を寄せる同好の士に，格別の共感を得られることを願いながら。

なお，表紙にもちいられた押花は，1982年，滞欧の日々のくさぐさに野山を逍遙し蒐めた草花による私のつたない作品である。大自然のアルモニーが，この曲集成立の重要な契機となっていることに想いを馳せ，なにかふさわしく思えるのでここに掲げることにした。

また，フランス語訳，ドイツ語訳に力をかしてくださったP.H.ジラール神父，平戸信義君，私の作品に深い理解と大きな助言を与えられているH.ピュイグ　ロジェ女史，そしてこの曲集の誕生を促がされたカワイ出版の上野一郎氏，私の我儘の限りを寛大な心で受け入れられた編集担当の服部一夫氏に深い謝意を表明し，このあとがきを結ぶ。

1984年3月

萩原英彦　記

こどものためのピアノ曲集
エテュード・アルモニーク

発行日● 1984 年 4 月 1 日　第 1 刷発行	作　曲●萩原英彦
2019 年 5 月 1 日　第 5 刷発行	発行所●カワイ出版（株式会社 全音楽譜出版社 カワイ出版部）
	〒161-0034　東京都新宿区上落合 2-13-3
	TEL.03-3227-6286　FAX.03-3227-6296
表紙装幀●新藤良子	楽譜浄書●ミタニガクフ
	写　植●創美写植
	印　刷／製　本●平河工業社

ISBN978-4-7609-0512-6

こどものためのピアノ曲集

こどものせかい　　湯山　昭 / 作曲	こどもの舞曲集　　鈴木憲夫 / 作曲
こどものゆめ　　中田喜直 / 作曲	ゆめのなかのできごと　　内田勝人 / 作曲
ちいさな詩人たち　　服部公一 / 作曲	春になったら…（増補版）　平吉毅州 / 作曲
音の森　　三善　晃 / 作曲	光のこどもたち　　田中カレン / 作曲
ちいさなパレット　　佐藤敏直 / 作曲	地球　　田中カレン / 作曲
虹のリズム　　平吉毅州 / 作曲	バナナ・シェイク・ラグ　　大政直人 / 作曲
音のメルヘン　　石井　歓 / 作曲	子どもの庭　　有馬礼子 / 作曲
24 の前奏曲　　芥川也寸志 / 作曲	風のダンス　　有馬礼子 / 作曲
日本のうた変奏曲集　　三宅榛名 / 作曲	スケッチブック　　佐藤敏直 / 作曲
こどものアルバム　　野田暉行 / 作曲	翔くんのピアノファンタジー　　佐藤　眞 / 作曲
ブルドッグのブルース　　三枝成彰 / 作曲	みんなともだち　　寺岡悦子 / 作曲
あおいオルゴール　　大中　恩 / 作曲	音の栞　音の栞 II　音の栞 III　　三善　晃 / 作曲
マザー・グースによる25のうた　　浦田健次郎 / 作曲	こだまの森　　三善　晃 / 作曲
エテュード・アルモニーク　　萩原英彦 / 作曲	さらり・しきたり I／II　　嵐野英彦 / 作曲
ピアノのらくがき　　佐藤敏直 / 作曲	ピカソくんをたたえて　　寺嶋陸也 / 作曲
南の風　　平吉毅州 / 作曲	空のおと　風のうた　　北爪やよひ / 作曲
ピアノとおはなし　　石井　歓 / 作曲	むかしのこども　いまのこども　　谷川賢作 / 作曲
ピアノの小径（こみち）　　間宮芳生 / 作曲	満月の夜に　　菱沼尚子 / 作曲
お話ころんだ　　池辺晋一郎 / 作曲	そよ風が吹いてきたら　　鵜﨑庚一 / 作曲
陽のかなしみ　　荻久保和明 / 作曲	地球の詩　　なかにしあかね / 作曲
風のプレリュード　　新実徳英 / 作曲	さよならさんかく　　千原英喜 / 作曲
不思議の国のアリス　　木下牧子 / 作曲	なにしてあそぶ？　　安倍美穂 / 作曲
風がうたう歌　　鵜﨑庚一 / 作曲	お日さまのキャンバス　　糀場富美子 / 作曲
ぬいぐるみのゆめ　　小森昭宏 / 作曲	スタートダッシュ　　信長貴富 / 作曲
星のどうぶつたち　　田中カレン / 作曲	ようこそピアノ・アイランドへ　　小原　孝 / 作曲
あしおとがきこえる　　北爪やよひ / 作曲	新しいくつと青い空　　後藤ミカ / 作曲
虹の花束　　北浦恒人 / 作曲	ひなげし通りのピム　　春畑セロリ / 作曲
おとぎの国へ迷いんぼ　　錦　かよ子 / 作曲	パレードが行くよ　　森山智宏 / 作曲
風のうた　　岡　利次郎 / 作曲	どこでも大発見　　中川俊郎 / 作曲
こどものファンタジー　　洗足学園大学付属音楽教室 編	聞こえなくなった汽笛　　中川俊郎 / 作曲
小鳥になったモーツァルト　　湯山　昭 / 作曲	

コンサート・ピアノ・ライブラリー

マウイの風 （Waft on Maui） ピアノのための
髙嶋みどり：作曲　　　　　　　　　　　ソロ／上級

プレリュード／ロンド・トッカータ
岡田昌大・日下部満三：作曲　　　　　　ソロ／上級

ピアノ淡彩画帖
佐藤敏直：作曲　　　　　　　　　　ソロ／中〜上級

First Impression ／ Silhoutte of Lovers
三上直子・清水　篤：作曲　　　　　　　ソロ／上級

水の彩る風景／ Trois Mélodies
小栗克裕：作曲　　　　　　　　　ソロ・連弾／上級

「水の彩る風景」第2集　ピアノのための組曲
小栗克裕：作曲　　　　　　　　〜海に寄せて〜　ソロ／上級

夢の国から／オーバード
鵜﨑庚一：作曲　　　　　　　　　　　　ソロ／上級

三つの小品　ピアノソロのための
国枝春恵：作曲　　　　　　〜ギリシャ民謡による　ソロ／中〜上級

夢の回路 ピアノのための
木下牧子：作曲　　　　　　　　　　　　ソロ／上級

Motus Poiesis （モートゥス ポイエーシス） ピアノのための
鈴木輝昭：作曲　　　　　　　　　　　　ソロ／上級

12 の前奏曲
寺嶋陸也：作曲　　　　　　　　　　　　ソロ／上級

12 の前奏曲
萩　京子：作曲　　　　　　　　　　　　ソロ／上級

12 の前奏曲
吉川和夫：作曲　　　　　　　　　　　　ソロ／上級

雪國のスケッチ
佐藤敏直：作曲　　　　　　　　　　　　連弾／上級

Anthology （ アンソロジー ）
平吉毅州：作曲　　　　　　　　　　ソロ／中〜上級

Berceuse （ ベルスーズ ）〈子守歌〉
三善　晃：作曲　　　　　　　　ソロ・連弾／中〜上級

大澤壽人ピアノ曲集
大澤壽人：作曲　　　　　　　　　　　　ソロ／上級

24 色抒情音絵巻 ピアノのための
村木ひろの：作曲　　　　　　　　　　ソロ／中〜上級

PULSATION （ パルセーション ）
　　　　　　　　　　　　　　　　　　ソロ／中〜上級

二つの月
　　　　　　　　　　　　　　ソロ・連弾／中〜上級

Arabesque （ アラベスク ）
　　　　　　　　　　　　　　　ソロ・連弾／上級

Vent （ ヴァン ）〈風〉
　　　　　　　　　　　　　　　ソロ・連弾／上級

想　い （ From My Heart）
　　　　　　　　　　　　　　　　　　　ソロ／上級

Torso Ⅰ （ トルソ Ⅰ ）
　　　　　　　　　　　　　　　　　ソロ／中〜上級

兼六園の四季 ピアノのための組曲
北爪道夫：作曲　　　　　　　　　　ソロ／中〜上級

赤とんぼ・浜辺の歌 ピアノ連弾のための
当摩泰久：編曲　　　　　　　　　　　　連弾／上級

Moment Musical （ モーメント・ミュージカル ）
　　　　　　　　　　　　　　　　　　　ソロ／上級

ガラスの靴を履いたソナチネ （Sonatina Wearing Glass Slipper）
　　　　　　　　　　　　　　　　　　　ソロ／上級

子供のためのリズム遊び
伊福部　昭：作曲　　　　　　　　　　ソロ／中〜上級